AF607171
AVERSO

UNA SECRETA LÁMPARA NOCTURNA

Antología poética

Ioana Gruia

Número 48 de la Colección **AVERSO POESÍA**

Una secreta lámpara nocturna

Edición al cuidado de Averso Poesía
www.aversopoesia.com

Primera edición: abril 2025
ISBN: 978-84-129987-7-1
Depósito Legal: GR 605-2025

Impreso en España - *Printed in Spain*

El papel utilizado para la impresión de este libro está calificado como papel ecológico y procede de bosques gestionados de manera sostenible.

UNA SECRETA LÁMPARA NOCTURNA

Antología poética

Ioana Gruia

PRÓLOGO

Ioana Gruia es Profesora Titular de Teoría de la Literatura y Literatura Comparada en la Universidad de Granada, con muy importantes investigaciones teóricas publicadas. Entre ellas quiero resaltar aquí *La cicatriz en la literatura europea contemporánea* (Renacimiento, 2015) o un magnífico libro de ensayo titulado: *Eliot y la escritura del tiempo en la poesía española contemporánea* (Visor, 2009).

Mucho tiene que ver con la escritura del tiempo, precisamente, su libro *El sol en la fruta* (Renacimiento, 2011, premio Andalucía Joven de Poesía) que abre la selección de esta Antología, seguido de *Carrusel* (Visor, 2016, premio Emilio Alarcos) y de *La luz que enciende el cuerpo* (Visor, 2021, premio Hermanos Argensola, elegido por los críticos de *El Cultural* como uno de los mejores diez libros de poemas en español de 2021). La Antología que la autora ha preparado para la Colección Averso Poesía recoge poemas de estos tres libros.

Ioana Gruia escribe desde el cuerpo para llegar al cuerpo del poema, escribe desde la extrañeza, desde la extraña que lleva dentro, la que intenta poner luz en la vida y la escritura, los dos territorios donde encontramos la poesía y la poesía nos encuentra.

El primer poema del libro es un precioso poema dedicado a su hija Kezia, nombre con resonancias literarias

(Katherine Mansfield). El último verso de este poema da título a la Antología. Quisiera la autora allanar en lo posible para su hija el camino de la vida, transmitirle la manera de disfrutar la belleza de las cosas que nos rodean y envuelven, de las buenas sensaciones, los sueños, la luz esplendorosa, pero sin olvidarse de esa otra luz interior, esa luz blanca que se abre camino entre las sombras: *esa secreta lámpara nocturna* que tanto necesitamos en el camino de nuestra vida.

El sol en la fruta es un libro lleno de luz, pero a veces entre la luz inevitablemente surgen agridulces sombras, como ocurre en el hermoso poema titulado «El don maldito», donde anida «el insidioso don de la melancolía».

Uno de los poemas más brillantes de este libro es precisamente el que le dio título. Entre sus versos se produce el milagro, la explosión, el sol cayendo sobre la fruta, iluminándola, dándole color y calor ante nuestra alegre mirada, pero atrapando también la sensación de fugacidad del momento mágico, esa emoción inexpresable.

La infancia dura más que la vida, escribió Ana María Matute. Creo que Ioana Gruia estará absolutamente de acuerdo. Los poemas de *Carrusel*, segundo libro recogido en la Antología, no dejan de ser una meditación sobre la infancia que inevitablemente llevamos incorporada a nuestra vida adulta, o mejor, una conversación con ella. Por eso Ioana, con una imagen muy plástica la contempla ahora desde el otro lado de la calle, ese que ya no podrá cruzar hacia la niña que fue, que la mira desde la otra acera, que tampoco puede ir hacia ella. Pero Ioana sabe que aún desde esta desolación ante lo imposible, llevaremos siempre nuestra infancia dentro. Nos constituye y hasta nos salva. El poema «Alguien al otro lado» comienza así: «Una niña muy seria,/ en la antigua avenida de mi infancia,/ me visita en los sueños./ ¿Qué has hecho de mi vida?, me pregunta».

Carrusel medita también sobre la complejidad de lo femenino, la maternidad, el amor como salvación y como fractura, el exotismo, la crueldad del mundo contemporáneo y los múltiples otros que habitan en nuestra subjetividad.

Finalmente, en los poemas de *La luz que enciende el cuerpo* aparece la luz de la poesía de Ioana Gruia en todo su esplendor, la más poderosa, la más viva, la que mueve el mundo, la fuerza de Eros: «No hay nada tan rotundo como un cuerpo», así comienza el poema «Una mujer al sol». Esa mujer que anhela un amor total pero que «le respete el pensamiento, que le permita analizar las sombras». Que le permita ser ella misma.

El juego y el fuego literario y vital se mezclan en estos poemas de amor, deseo, que surgen desde el eros que nos habita, que nos envuelve, una sabiduría del cuerpo que lleva a una vitalidad inteligente, sutil, plena de fuego, de sentido.

«Hay una luz que sólo enciende el cuerpo», nos dice el poema «Salvavidas», que deja «trozos de resplandor en la tiniebla»: inteligencia y luz interior es la que anhelan estos versos sabiendo que el fuego del cuerpo lleva al del espíritu, la fuerza viva que cruza la frontera.

No olvida Ioana Gruia tampoco en este libro algunas de sus "debilidades" o amores literarios y artísticos. Señalaré el magnífico poema dedicado a Virginia Woolf: *Invocación para llegar al faro. A Virginia Woolf* o el dedicado al recuerdo de las mujeres de Hopper: el breve y precioso poema titulado «Interior de verano», que transcribo:

INTERIOR DE VERANO

Yo siempre quise ser
una mujer de Hopper,
mirándose desnuda, ensimismada,
una plácida tarde de verano
y sabiendo que estás o que estarías
fuera del cuadro para acariciarme.

Ángeles Mora

UNA SECRETA LÁMPARA NOCTURNA

Antología poética

Los poemas seleccionados pertenecen a los siguientes libros: *El sol en la fruta* (Premio Andalucía Joven, Renacimiento, 2011), *Carrusel* (Premio Emilio Alarcos, Visor, 2016) y *La luz que enciende el cuerpo* (Premio Hermanos Argensola, Visor, 2021).

A Kezia
A Tuco

EL SOL EN LA FRUTA
(2011)

Poema para Kezia

«Pero lo que le gustaba más a Kezia, lo
que le gustaba con locura, era la lámpara».
KATHERINE MANSFIELD

Si tengo una hija la llamaré Kezia,
como el personaje de Katherine Mansfield,
la niña que miraba la lámpara,
secreto de la casa de muñecas.

Le enseñaré a volar
y a construirse sola
la lámpara y el caballo con alas.

Le enseñaré a vivir
buscando siempre la explosión de luz
que los cerezos envían al cielo.

Pero también la luz blanca y fría
que necesita la meditación
para encontrar las sombras.

Le enseñaré a querer
el fulgurante rojo de la fruta
que destila la vida en sus entrañas:
una secreta lámpara nocturna.

El don maldito

Quise escribir el poema de las cosas sencillas,
pero nunca fue fácil hablar del sol de octubre
y el insidioso don de la melancolía.

Al despertar de pronto en el otoño,
castañas son las calles.
Inquilinas desahuciadas,
las hojas anticipan el invierno.

Quise escribir el poema de las cosas sencillas,
captar el pausado abandono del viento,
la tensión hacia el blanco,
el fugaz amarillo...

En el cristal ahumado del asfalto
ensimismado crece el don maldito,
el insidioso don de la melancolía.

Canción para un instante

«No susurres nada, sólo tiéndeme
los brazos de aire del lejano instante».

NICOLAE LABIŞ

Hoy no sabría revivir aquel instante.
Tan sólo puedo recordar su vuelo.
Por la ventana abierta el sol de junio
entraba a raudales en el cuarto.

Tú me habías traído un cuenco de cerezas.
Cogí despacio una y la miré al trasluz,
me la llevé a la boca y la mordí. Sabía
a sol y a piel de lluvia, a verano, a ti.

Mira, mira este sol en la fruta, te dije.
Una explosión rojiza despegó de mi mano.
Y aquel instante pájaro, ya lejos,
tendió hacia mí sus brazos en el aire.

París

La ciudad era gris, distante y fría.
Nos miraban las calles con sus ojos
de lluvia sucia y de carteles rojos.
La ciudad, sin embargo, nos quería.

Y la tuvimos siempre entre los brazos,
esperábamos que ella nos contara
nuestro amor, nuestra historia, nuestra rara
geografía de países y abrazos.

Nos amaron tus plazas y tus fuentes,
el río, los tejados y los puentes;
fuimos juegos de luz en los jardines,

fuegos de noche en hondos cafetines.
París, fría ciudad, ciudad tan fiel,
ciudad que estás escrita en nuestra piel.

Si tú me llamas Ioana

Si tú me llamas Ioana
con la misma voz que dice amor mío,
soy bella y luminosa,
reconozco mi cuerpo,
la casa, los objetos,
entre palabra y palabra.
Pero si dejas de llamarme Ioana
con la misma voz que dice amor mío
mi cuerpo no sabrá quién es Ioana,
me quedaré sin casa, sin objetos,
sin belleza, sin luz y sin palabras.

Monsieur Jacques

In memoriam

En el banco de *monsieur* Jacques había
varios objetos: una manta, un libro,
macetas regaladas del mercado,
una almohada desteñida y sucia,
unas gafas en una funda rota
y un álbum viejo de fotografías.

La primera vez que lo vi pasaba
con atención las páginas del álbum.
Ponía el dedo sobre el rostro ahora
muerto o desertor de un hijo, un amigo...
Las gafas resbalaron, empañadas
por el aliento helado del recuerdo.

La segunda vez dormía abrazado
a una maceta de geranios rojos.
Al respirar, agitaba los pétalos
que parecían proteger sus sueños.
Me acerqué a ver el libro que leía:
L'île au trésor, edición ilustrada.

Luego dejé de verlo. Me contaron
cómo lo habían encontrado muerto
los del mercado de flores Secrétan.
Para enterrarlo dieron donativos.
Yo di un billete, *La isla del tesoro*
y una maceta de geranios rojos.

Los limones

«l'odore dei limoni»
EUGENIO MONTALE, "I limoni"

Ya no recuerda mucho aquel encuentro:
sólo el olor, el embriagante olor de los limones,
y el resplandor solar de sus cortezas.
El hombre dijo: nunca
te dejaré.
Y nunca volvió a verlo desde entonces.
Después ella se fue lejos del pueblo.

Ya no le queda mucho por vivir
y siente sólo rápidos destellos
de amor, amistad, odio o compasión
hacia personas que ahora son espectros.
Pero el olor, el embriagante olor de los limones
nunca la abandonó. Cierra los ojos
y encima de su rostro ve las frutas
y el resplandor solar de sus cortezas.

La risa de la Medusa

«La Méduse est belle et elle rit».

HÉLÈNE CIXOUS, *Le rire de la Méduse*

Cada vez que quisieran domesticarte,
que sientas que un ahogo te está ciñendo el cuerpo,
que intenten congelarte la risa entre los labios,
invéntate el caballo con alas y al galope,
abre la puerta y huye lo más lejos que puedas.
No vuelvas la mirada. No busques la venganza,
pero nunca renuncies al aire conquistado.
Suelta la cabellera, las serpientes no existen.
Pues la Medusa es bella y ríe a carcajadas.

Canción del deseo vampiro

Encabritadas brasas,
lenguas de fuego, lentas
lenguas de sal y fruta,
tribales lenguas, carnes
que enloquecidas bailan
danzas de brujería,
brasas, lenguas y carnes
un rito negro piden,
y a dentelladas muerde
vampírico el deseo.

Casa en las afueras

Una luz blanca y fría
entra por la ventana.
Me apoyo en el alféizar,
miro el paisaje:
una autopista, una gasolinera,
la nada azul del cielo…

Jamás quise vivir en las afueras.
Sólo un extraño azar
me trajo hasta esta casa,
que odio a la vez que me fascina.
Quizá porque me ha hecho comprender
algo que nunca supe desvelar:
la vida es una casa en las afueras.
Las dos esperan algo
en medio de la nada.

El viaje de Penélope

Tantas veces mirado desde lejos,
el mar me enseña ahora sus entrañas:
cadáveres de peces y marinos,
quimeras sumergidas,
cuerpos a la deriva.

Los abismos del mar,
rojos como las vísceras de un toro,
engullen sacrificios.

Después, apaciguándose, descubren
deshilvanadas telarañas de agua,
lentejuelas de luz
y refulgentes cofres del tesoro.

Destellos de espejismos
orientan el camino de mi barco.

Abandoné mi tela,
pero sigo tejiendo
el fantasma de Ulises
mientras escucho el canto de sirenas:
otra historia, otros mares, otro amor.

Geranios, caléndulas, verbenas...

«Pero en cuanto hace buen tiempo y veo colores vivos,
lo que es muy raro, oigo tu voz que me dice:
"Geranios, caléndulas y verbenas"».

KATHERINE MANSFIELD

Nunca más volverá a aquel jardín,
hallado por azar
en un país lejano.
Ella dijo los nombres de las flores:
"Geranios, caléndulas, verbenas..."

Ella ha muerto hace tiempo,
y él, enfermo y viejo,
sólo espera morir.
Una explosión de púrpura y naranja
lo mantiene con vida mientras oye
la voz en el jardín y su conjuro:
"Geranios, caléndulas, verbenas..."

Conjuro

Todo lo que no hiciste te obsesiona.
Mucho de lo que obraste te atormenta.
No te obsequia el olvido con su lenta
manera de borrar, no te ilusiona
saber que todavía te reserva
algo la incierta trama de los días:
asombros, cuerpos, sueños, rebeldías.
Pero no llegará jamás Minerva
a tu mente cansada si no puedes
en el remordimiento hallar la paz
y resistir a la sombra falaz
que con ficticio ayer teje sus redes.
Todo lo que no fue se irá perdiendo
y sólo importa ya seguir viviendo.

La canción de Natasha

«Después de comer, a petición suya, Natasha fue al piano y empezó a cantar. El príncipe Andrey, en pie junto a la ventana, la escuchaba mientras hablaba con las damas. En medio de una frase calló sintiendo inesperadamente que unas lágrimas insospechadas le subían a la garganta».

LEÓN TOLSTOI, *Guerra y paz*

El príncipe Bolkonski está muriendo.
Nada recuerda y ahora en nada cree.
La guerra es sólo un ruido desde lejos.
La gloria, un algo incomprensible y hueco.

Mira sin verlo el rostro de Natasha.
Ya para todo es tarde,
y tarde la he amado,
piensa antes de pedir los sacramentos.

Pero oye de repente su canción,
que irrumpe de la niebla de los años
y de un lugar secreto de su cuerpo.

Relámpagos de vida desbocados
brillan al resplandor
de aquellas notas cálidas, punzantes.

Sabe que morirá cuando terminen.

CARRUSEL
(2016)

Alguien al otro lado

Una niña muy seria,
en la antigua avenida de mi infancia,
me visita en los sueños.
¿Qué has hecho de mi vida?, me pregunta.

No sé qué responderle. Sólo sé
que estoy al otro lado de la calle,
que la niña no logrará alcanzarme.

Algo lo impedirá:
la cautelosa sombra del silencio,
o la frontera súbita del miedo.

Algún día sabré qué responderle.
Tal vez no vuelva nunca, tal vez llore.
Tal vez nos convirtamos en pasaje,
y yo seré su sueño:
alguien que no recuerda su pasado,
con la memoria sólo del futuro.

Alguien que necesitará saber
si ha aprendido ya
a perdonarme.

Carrusel

En los años noventa construyeron
el carrusel dorado en Bucarest.
La ciudad aprendía a divertirse,
tímida y desconfiada todavía.

Yo también aprendí en el tiovivo
la embriaguez de un vértigo extranjero.
Llegaba a ritmo de lambada y Jackson,
de botellas de Coca-Cola y Pepsi.

Un mundo chispeante comenzaba
y había que bailarlo muy deprisa.
Subir al cielo rápido, mirarlo
en la tristeza gris de los tejados.

No podía parar de dar más vueltas.
Como si descubriera algún secreto,
algún oculto don en la subida,
pura repetición de la alegría.

La ciudad se veía como siempre,
en tonos apagados y brutales.
Inmuebles feos, sombras con abrigos,
todo seguía igual, pero lejano.

Aprendí así las formas de espejismo
que la vida mantiene agazapadas,
como niñas que no quieren bajar,
saber de la embriaguez el desamparo.

Hoy no va nadie al carrusel, ya viejo,
pero yo me imagino aún sus giros.
Y mis instantes de alegría intensa
relumbran como el carrusel dorado.

Noche de lluvia

Llueve despacio en la ciudad. Tú duermes.
Me acerco a la ventana y contemplo
el suave ajetreo de la calle,
los faros que se alejan en la noche.

Una mujer camina apresurada
hacia quién sabe qué secreta historia.
Un hombre cruza rápido, impaciente,
los charcos, cicatrices del asfalto.

Amo
la música inaudible del paisaje,
la orquesta fantasmal de ajenas vidas
que conmigo regresan a la cama.

Llueve despacio en la ciudad. Despiertas,
me buscas con la urgencia del deseo,
apresuras el paso entre la lluvia.

Summertime en el Pont des Arts

Cuando sueño que voy a la deriva,
el saxo me rescata allá en el Pont des Arts.

Igual que esos candados de amor que hay en el puente,
tiran de mí los miedos hacia abajo.

Alguien toca despacio *Summertime*,
lo oigo desde el fondo de mi sueño.
Es verano otra vez y tú caminas
a mi encuentro en el Pont des Arts.
Enroscado y caliente,
como un aire de jazz,
el deseo me asalta,
me arquea por encima de los miedos.

Nadie escapa a sus sueños,
tampoco a sus canciones.

Piedras en la playa

La niña busca piedras en la playa.
Escoge las mejores: sin roturas,
con los bordes intactos y pulidas.
Igual que se rescatan los recuerdos
en los aniversarios y en las fiestas.

Concentrada, desecha de un vistazo
piedras sin mucho brillo, piedras rotas,
que yo recojo luego a escondidas.
Aunque ella no lo sepa todavía,
serán su piel más íntima y nocturna.

La niña duerme en mí,
envuelta en esa piel que siempre ignora,
que se imagina en vano de serpiente.

Mira confiada las hermosas piedras,
se agarra a su fulgor,
al destello solar de su promesa:
un día inacabable, rehuyendo
todas las pesadillas de la infancia.

Pronto caerá la noche,
como una piedra rota y ya sin brillo.

Estación abandonada

Un banco, un reloj, hierbajos.
Un grafitti estridente.
Pájaros a lo lejos.

Se trata de un lugar fuera del tiempo.
Ya nadie espera a nadie en ese banco,
pero la espera existe en cada objeto.

El tren no se detiene,
la imagen dura sólo unos segundos.
Lo suficiente para comprender
que lo que nos espera a fin de cuentas
es siempre una estación abandonada.

El jardín oculto

En el jardín, un lápiz en la mano
lees con fruición y vas trazando
señales de tus pasos por el libro.

Tan cerca de tu cuerpo,
el libro forma parte de tu piel,
las páginas son ya una cicatriz.

Quien pudiera leer lo que destacas,
los mapas que dibujas con el lápiz
—mapas de amor, heridas y deseo,
que son los que resumen toda vida—,
conocería bien
las sombras que despliegan tus secretos,
su reflejo en la piel del libro huerto.

Hay un jardín oculto entre las líneas,
y lo cultivas con tus subrayados.

Antes de morir (Sylvia Plath)

Ya nada me protege.

Estoy hecha de grietas, de fisuras,
y por allí se escurren
mi creatividad,
mis sueños, mis deseos,
como agua en el lavabo.

Por mucho que me agarre a la escritura,
la inteligencia no me salvará.

Jamás rescata a nadie.

Lo que esperan de mí. Lo que me exigen.
Lo que insinúan entre las palabras.
Lo que suponen que es lo femenino.

Estoy sin piel y sola. Tengo miedo.
Demasiados tentáculos.
Me ahogo.

Cadáveres llegaron a la playa

Cadáveres llegaron a la playa.

Todo estaba tranquilo: el mar en calma,
los niños con juguetes,
los bañistas absortos en sus sueños,
en la pereza azul de los veranos,
en el golpe apacible de las olas,
en su rumor de vagas lejanías.

Los cuerpos irrumpieron de repente:
trozos de carne muerta, descompuesta
en medio del sopor, de la aventura
que prometía el mar.

Los rodearon todos:
los niños con juguetes, los bañistas,
policías y médicos movidos
por un afán inútil de hacer algo.

Un niño tocó un cuerpo.
Luego empezó a llorar.
Es la primera vez que ve la muerte,
dijo su madre mientras lo alejaba.
Su llanto contagió a los otros niños,
pequeño coro de tragedia griega.

Negros, lustrosos como el mar, los cuerpos
sin culpa y ya sin *hybris*, hoy parecen
las víctimas de un turbio sacrificio.

Y es la playa un altar improvisado.
Pero, ¿quién ofició la ceremonia?

Viejos tangos

Cuando todo acabó
volvió el futuro,
con el desgarro de los viejos tangos.

Arrastrando sus pasos
como un bailarín torpe,
llegaba a la deriva y a destiempo.

Una riada de cosas inservibles,
una corriente turbia de renuncias,
un aguacero de pasiones truncas.

Aguardo la llegada del pasado,
con sus ficticias vidas prometidas.
Así tal vez pueda recomenzar
con la dulzura de los viejos tangos.

Herencia

El silencio pesado de los muebles,
en los cajones cartas
enviadas por mi abuelo desde el frente
—*Un día más de vida. Te amo tanto*—,
y la cadencia de un reloj antiguo,
fatigada respiración de anciano.

Casa de los abuelos.

Me asomo a sus ventanas
desde un tiempo ficticio, la memoria,
donde nada sucede y todo cambia.

Aunque ya no regrese
—nadie me espera ahora—
la casa va conmigo,
su música en sordina.
Mis abuelos bailaban a menudo
viejas canciones de su juventud.

Hay una obstinación en estos muebles
que ahora son espectros del recuerdo.
Aferran su madera a la memoria,
aunque se desdibujen sus contornos.

Los muebles sobreviven,
son restos del naufragio,
astillas que recojo
tanto tiempo después desde otro tiempo
y otra música igual de arrebatada.

Muebles que guardan cartas encendidas,
como el amor protege sus delirios.
La casa habita en mí cuando te digo
Un día más de vida. Te amo tanto.

Formas de vivir

Son formas de vivir en el pasado.
Eso decía mi abuela
al encender, feliz, el tocadiscos.

La voz emocionada
se esparcía en el cuarto,
remota y neblinosa,
como el amor de aquella melodía.

Una pasión dormida,
pero devastadora,
encerrada en un disco de vinilo.

Han pasado los años.

Buscar una pasión devastadora,
su refugio de luz, su piel quemada,
y comprender su oculta melodía.

Son formas de vivir, tal vez herencias.

Granada

«Ven, te ofreceré Granada, amor»
LUIS GARCÍA MONTERO

Esta ciudad me mira con tus ojos
de todas las ciudades que habitamos.
Igual que un palimpsesto me despliega
las capas escondidas de otras calles,
del añorado mar, de algunos puentes.
¿Recuerdas qué sonaba en Pont des Arts?
Yo te amo al ritmo opiáceo de un saxo
atraído hacia el sur por la guitarra.

Quiero bailar, amor, baila conmigo
entre el musgo del río y casas blancas.
Baila conmigo junto a los naranjos
el sueño tropical de las palmeras.
La música interior de este paisaje,
de Granada que tiene piel de tango
y viejas luces de lejanos puertos,
es joven y me besa con tus labios.

Una forma de bondad

«To have been loved once by someone –surely
There is a permanent good in that,
Even if we don't know all the circumstances
Or it happened too long ago to make any difference».

JOHN ASHBERY

Tardaste mucho tiempo en descubrirlo,
y entonces
aquellos versos de Ashbery
te dieron la razón.

Miras por la ventana:
un cielo blanco y duro, unos tejados sucios,
ni rastro de bondad en el paisaje.
La luz entra a raudales, pero es una luz fría,
deja sobre las cosas su pátina de hielo.

Ya es tarde para todo.

Estos objetos no te reconocen.
Sin embargo, la cama desolada
y la mesa vacía
pueden contarte bien tal como fuiste:
aquel antiguo amor desmesurado,
aquellos alimentos para el cuerpo.

La soledad no enseña casi nada,
sólo a medir el tiempo,
cómo se hinchan los días de aspereza,
cuánto se tarda en fracasar.

Y la punzada de un saber ya inútil:
la poesía es confirmar la vida
y el amor, una forma de bondad.

La casa poema

Me gustaría que habitaras este poema
como habitas mi vientre,
que fuera para ti una casa.

Que la poesía fuera tu refugio.

Tu madre
habla todas las lenguas
con acento extranjero
y sabe
que siempre hay algo de intemperie en los refugios,
una fragilidad que te hará fuerte.

Enciendo para ti la casa poema.
En los inviernos que conocerás,
ojalá te proteja y te caliente.

El segundo país

«Un hijo es el segundo país donde nacemos»
Luis García Montero

Busco tu mano en la noche,
tu minúscula mano,
tu mano de bebé, talismán mío,
para escapar de oscuros pensamientos.

Del alba de los días laborables.
De la aterida sombra de su ausencia.
De los pliegues nocturnos donde aguarda,
cada vez más seguro de sí mismo,
cruel en su mansedumbre,
el fracaso,
con su inquieto latir de animal preso.

Tú sonríes dormida.
Me esperas
del lado luminoso de la noche.

Y ya no tengo miedo. Me proteges.

LA LUZ QUE ENCIENDE EL CUERPO

(2021)

Una mujer al sol

No hay nada tan rotundo como un cuerpo.

Imagino la historia
de esta mujer desnuda y pensativa
que se parece a mí.

Es dueña de su soledad y anhela
un amor torrencial,
un pálpito de mar embravecido
que a la vez le respete el pensamiento,
que le permita analizar las sombras.

Estas sombras a veces elusivas
y a veces tan rotundas como un cuerpo.

Las sombras del amor y de la vida,
encuadrando la franja luminosa,
que abarca apenas lo que abarca un cuerpo.

Cuerpo desnudo al sol:
lugar de luz rodeado por las sombras.

Interior de verano

Yo siempre quise ser
una mujer de Hopper,
mirándose desnuda, ensimismada,
una plácida tarde de verano
y sabiendo que estás o que estarías
fuera del cuadro para acariciarme.

Mañana en Cape Cod

La mujer mira el bosque
y es igual que él, inquieta,
frondosa de algo oscuro
y anhelante de luz.

La mujer mira el bosque
no solo con los ojos, con el cuerpo
preparado a saltar,
sediento de un ardor que desconoce.

Los brazos en tensión,
los dedos aferrados a la mesa,
la ventana la oprime.

Con la visión del bosque no le basta,
quisiera ser el bosque.

Ser toda oscuridad, salvaje lumbre.

Y descubrir el vértigo que esconden
los árboles tan cerca de su casa.

Quisiera ser un animal que aúlla
de pura intensidad, de puro gozo.

Salvavidas

Hay una luz que solo enciende el cuerpo,
igual que las ventanas en la noche,
trozos de resplandor en la tiniebla.

Voy buscando esta luz cuando te abrazo,
cuando extraigo el placer de tus jadeos,
cuando tu lengua sube por mi muslo
y nace entonces la mujer de fuego
que desde mi interior me vuelve de agua.

Soy una llama acuática, ventana
abierta al cuerpo nuevo, luminoso,
alumbrado del sexo con la lengua,
con los dedos que se hunden en la noche.

Un cuerpo jadeante que me envuelve
y que a la vez me agita desde dentro.

Un cuerpo que conservo en la memoria
igual que un salvavidas en un barco.

Un cuerpo que en las noches más aciagas
me saca del dolor con sus aullidos,
con su luz que me mira y me recorre.

Un cuerpo hecho de piel y pensamiento,
que surge de tus dedos, de tu lengua,
de tu sexo en ventanas del recuerdo.

Un cuerpo-resplandor al que me agarro
si me amenazan turbias las tinieblas.

El baile de Natasha

«Natasha bailó con tanta perfección que Anisia Fiodorovna, que le había dado el pañuelo necesario para la danza, contempló con los ojos llenos de lágrimas [...] a esa muchacha [...] que sabía comprender todo lo que había en ella».
León Tolstoi, *Guerra y paz*

«Portrait de la jeune fille en feu»
Céline Sciamma

«No sé por qué te quiero,
será que tengo alma de bolero».
Víctor Manuel

Baila, Natasha, baila,
que tuyo es el placer, tuyo es el fuego
que de la hoguera sube a tus entrañas.

Baila, Natasha, baila en esa estepa,
baila para que nunca pare el fuego,
que tu placer no sea condenado.

Baila, Natasha, baila, no te sientas
jamás avergonzada de tu impulso,
baila descalza en bosques y en tu cama.

Baila, Natasha, por la navegante,
por este cuarto propio que habitamos,
por la felicidad de la escritura.

Baila, Natasha, pisa aquellas uvas
que la vida te ofrece a manos llenas
en la larga vendimia del deseo.

Baila, Natasha, por ese difícil
arte de ser amada con locura
y a la vez con bondad y con respeto.

Baila, Natasha, no sueltes el fuego,
tampoco la templanza de la mente,
su brújula que indica el claroscuro.

Baila, Natasha, baila,
con la sensualidad de tu cordura,
con las manos que sepan recorrerte.

Baila, Natasha, asume
que cierta historia lleva a tu derrota,
que habrá tal vez que reinventarse el baile.

Baila, Natasha, pinta con tu cuerpo,
con tus gestos que anhelan otra historia
ese retrato de mujer en llamas.

Baila, Natasha, muerde la manzana,
que es conocimiento y alegría,
la manzana de las noches solares.

Baila, Natasha, con tu inteligencia,
con el caballo que corre en tu cuerpo,
con lo que sabes que nunca defrauda.

Baila, Natasha, baila y atesora
la pulpa de la fruta entre los dientes,
el grito de alegría en las entrañas.

Baila, Natasha, para que yo pueda
escribir la bondad que hay en tu danza,
la salvación que ofrece tu deseo.

Baila, Natasha, baila por nosotras,
feministas con alma de bolero
y con amores de novela rusa.

Mujer en la ventana

Una mujer espera en la ventana.

Ve desfilar su vida ante sus ojos:
el árbol de la infancia, los olores
de la ciudad nocturna, la alegría
de los cuerpos en su primer incendio,
el asombro del vientre que se ensancha,
el hijo que la mira y le sonríe.

Un deseo de luz, de intensidades.

La plenitud de tardes en la playa
y sentirse inmortal mientras se nada
con los ojos cerrados.

El cómodo cobijo de la casa,
su suave indiferencia,
la de un jersey gastado
o un viejo matrimonio.

La sensación de haberse equivocado
en algo decisivo.

Algo que fluye oculto por debajo
de esta tierra tranquila que es su vida.

Algo que se resiste a ser nombrado,
mezclado con la luz y caudaloso.

Todas las tardes mira por la ventana
cuando aún es de día,
cuando la claridad puede ayudarla.
Aguarda sin saberlo
una revelación o un desconcierto.

Cotidiana es la luz. También la espera.

Las preguntas

«Muchachas que buscabais
el gran amor, el gran amor terrible,
¿qué ha pasado, muchachas?»

Pablo Neruda

Una mujer no demasiado joven,
de labios donde duermen las preguntas
apenas formuladas
y sin embargo tan devastadoras.

Son aquellas preguntas que no hacemos,
que vagan en silencio por el cuerpo
y menguan hasta convertirse en sombras,
con breves centelleos:
cuando parece que hemos comprendido
algún oscuro azar,
o la razón del íntimo naufragio.

Ningún consuelo en esta lucidez,
ninguna recompensa en la templanza.

No quiero parecerme a esta mujer,
ni que el tiempo me traiga sus preguntas,
la perspicacia inútil del fracaso.

Espero que me aguarden las preguntas
del sabio desatino,
del incendio en la piel, de los jadeos
que funden la pasión al pensamiento:
el buen amor y *el gran amor terrible*.

El violín gitano

Llega desde las noches de mi infancia,
arañándome aquel lugar del cuerpo
donde el amor se queda exhausto y duele,
por su propia embestida fatigado.

Llega como tardío aprendizaje
de lo que entonces solo era extrañeza,
una dulce canción incomprensible,
la miel rasgada por aquellas cuerdas,
una anticipación del arrebato.

Llega para marcar un ritmo oculto,
una sabiduría de felino,
al corazón y al cuerpo desbocados:
cuándo aguantar la espera contenida,
cuándo arquearse en pura piel mojada,
y convertirse en cuerda o en aullido.

Vendimia

La luz de aquel otoño,
con su olor a verbena,
vuelve a bañar mis muslos.

Exprimía las uvas con las piernas
y sentía en la piel su pulpa dulce,
la sedosa caricia de los jugos.

Igual que ahora quiero que te expriman
mis manos cuando avanzan por tu cuerpo,
mi boca en la embriaguez de la vendimia.

Invención a dos voces

«voy a inventarte una alegría»
Luis Rosales

Invéntate el recuerdo que pueda rescatarme.
Necesito su cerco luminoso,
su vocación de fuerza y de alegría,
su latido tan sabio y duradero
que a través de los años me alcance como un bálsamo,
como un aprendizaje de la intensidad
que no ignora el dolor pero lo pasa
por el fuego tan íntimo y benigno
de lo que ya se intuye caudaloso.

Invéntame, mi amor, como quise haber sido,
y no me dejes inventarme sola.
Si todo está en la infancia,
en una calle de árboles desamparados,
cuyas ramas vacías veo aún en las noches de insomnio,
anhelando la frondosidad, la exuberancia,
igual que mi vida en los días aciagos,
si hay que volver allí para tensarse
con la íntima alegría de aquel fuego,
con esa luz que todo lo sostiene,
agitada como el amor en sus jadeos
y suave como el corazón en calma,
inventa para mí el recuerdo exacto.

Mírame en las mañanas de domingo
mirar por la ventana aquellas ramas,
cómo el sol acaricia la ausencia de sus hojas.
Así voy aprendiendo sin saberlo
la frustración que quiere ser galope.

Invéntame feliz entre tilos frondosos
y luego, años más tarde, feliz en el deseo
de dos adolescentes que corren de la mano
y en un cuarto se encierran para aplacarlo todo:
el caballo, la furia, las ráfagas de infancia
y lo que aún no saben, lo que saber no quieren.

Yo quisiera haber sido la niña que tú sueñas,
la que ahora te inventas porque yo te lo pido,
después la adolescente que ya sabría amarte.

Pero soy la mujer que en su vano deseo
de que desde la ausencia le devuelvas tu amor,
solo puede inventarte en su juego de espejos,
y pensar que la sueñas, que no es una ficción.

Todas las cosas de las que no hablamos

Todas las cosas de las que no hablamos
con los padres, los hijos, los amores
se mueven en el aire:
halos de luz intermitente, sombras
que llevan siempre algún peso secreto.

Cómo pesan las cosas que no hablamos,
cómo nos tiran hacia abajo, cómo
nos rompen de a poquito, nos rellenan
el cuerpo y la mirada de penumbra.

Y duelen sordamente
las cosas que no hablamos,
las cosas que nos cuesta ver de cerca
y que vemos con los ojos cerrados,
opacas y a la vez tan transparentes.

Y damos vueltas a su alrededor,
sin atrevernos a llamar a puertas
para siempre entornadas.

A las puertas de aquel cuarto en penumbra
que nos da miedo ver,
que podría cegarnos con su luz.

Es el cuarto inasible,
la oculta habitación del corazón,
apenas entrevista algunas veces,
que podría salvarnos

pero que hace crecer,
crecer en apenado torbellino
las cosas que caminan
por el hilo de la conversación
como funambulistas temerarios
que sin embargo nunca saltarán,
que no miran la red sino el vacío.

Invocación para llegar al faro. A Virginia Woolf

«Porque no era conocimiento, sino unión lo que ella deseaba,
[...] la intimidad misma, que es conocimiento [...]
¿Quién sabe, incluso en el momento de más intimidad,
que lo que se obtiene es conocimiento?»

VIRGINIA WOOLF, *Al faro*

Tú, que todo lo sabes,
que conoces la piel y los latidos,
los íntimos latidos de las cosas,
las zonas en penumbra del corazón secreto,
ese que sueña siempre con llegar hasta el faro,
ese que va hacia el faro en un barco de vela,
tú, que todo lo ves y todo lo comprendes
con el latido de tu inteligencia,
enséñame, Virginia, la ruta en alta mar.

Quiero con desesperación llegar al faro,
llegar al resplandor
que une la comprensión y la belleza,
que calma el corazón atribulado.

Enséñame del mundo y del amor
la pura intimidad, aquel conocimiento
donde navegan juntas la razón y la piel.

Alguien que no era yo

«Alguien que no era yo, porque lo estaba
viendo desde mi casa»

Ángel González

Alguien que no era yo, porque lo estaba
viendo desde mi casa,
apresuró su paso entre la lluvia
y sacudió su pelo igual al mío.

Alguien que no era yo volvió su rostro
y vi que me miraba con mis ojos,
pero con un destello nuevo, ignoto.

Alguien que no era yo se fue alejando
hacia una vida oculta que no es mía
y sin embargo tanto anhelo en sueños.

Alguien que no soy yo también te quiere,
y vuelve a comenzar aquella historia,
aquel amor difícil que fue mío.

Por eso quiere tanto parecerse
a ese alguien que fui cuando me amabas.

Columpio

Tu espalda frágil, tu pequeña nuca,
tus manos agarradas al columpio,
los destellos de luz entre tu pelo.

Soy tan feliz de ser tu madre, hija,
feliz de darte impulso y de esperar
que vuelvas hacia mí y que te alejes,
que conozcas el vértigo benigno
del puro despegar, del puro vuelo.

Y, sin que tú lo sepas, me columpio
yo también, a la vez adulta y niña,
las manos agarradas a las tuyas,
a tu espalda, tu nuca y tu cabello.

Aleja tú mi vértigo de sombras,
sé tú la que me impulse en el columpio,
la que vigile que no me haga daño.

Soy tan feliz de ser tu madre-hija,
tan feliz de saber que me proteges.

Genealogía

Soy hija
de la delicadeza de mi padre.
De las cartas de amor,
largas como un abrazo demorado,
que escribía a mi madre,
y luego, cuando todo terminó,
de sus miradas lentas al vacío,
tal vez acariciando algún recuerdo,
mientras paseaba de mi mano por el parque.

Soy hija
de las pisadas fuertes de mi madre.
De su febril inteligencia y de sus dudas,
de sus bailes a solas en el cuarto
y las cartas secretas
a aquel amor que ya no era mi padre.

Soy hija
de los rayos de sol entre las hojas
que de niña miraba hipnotizada,
como si en el inquieto resplandor
hubiera algún visible aprendizaje,
alguna explicación al desconsuelo.

Soy hija
de la ventana de mi cuarto frente al parque
por la que todavía hoy me asomo
en busca de una luz antigua y nueva,
mi necesaria luz entre las ramas,

la luz donde se funden abrazados,
luego solos,
abrazados, solos,
mis padres,
                    mi niñez,
                                    el desconsuelo.

Niños en el parque

Los niños que nos miran
desde el parque interior de la memoria,
jugando sin cesar entre la grava,
nunca son los que fuimos,
son los que fabricamos en el tiempo.

Los que cruzan indemnes los veranos,
los que jamás supieron de nosotros.

Canción marinera

Hay un barco que cruza las aguas de mi pena,
y allí agazapado viaja mi amor febril,
un barco que da vueltas y vueltas en la niebla
y podría traerte de lejos hacia mí.

Es un barco fantasma cuyas luces se encienden,
pero cuyos contornos tú no divisas ya,
duermen en él las sombras de tus besos ausentes
y también la añoranza, ese viejo animal.

La canción de las cosas perdidas

Estoy en casa sola, escucho jazz,
una canción que me habla de la lluvia
mientras las gotas, aún lentas, caen
desconcertadas sobre este cristal
que me hace ver la noche y tu recuerdo.

Es la canción de las cosas perdidas,
que regresan en noches de verano
igual que una tormenta inesperada.

Y bailo enloquecida con tu ausencia,
y se calman la lluvia y el desgarro,
y suave es la canción, como la noche.

Los amores difíciles
están en la canción y en esta lluvia
que ahora cae fina en la ventana.

Y las gotas de nuevo se deslizan
lentas sobre el cristal con su promesa
de imposible regreso de las cosas perdidas.

La canción terminó y voy a la cama,
mientras la lluvia fuera me susurra
—no sé si es un consuelo o una advertencia—:
todo se alcanza al fin, pero a destiempo.

La intimidad del mundo

«la orilla en la piel de un abrazo,
la intimidad del mundo en un poema»
LUIS GARCÍA MONTERO

Quedémonos aquí, en este banco,
me dijiste, y volvió mi adolescencia
con esa luna encima del barranco
y aquella sensación de pertenencia
al latido del mundo en una piel.
Ciertas noches me abrazo a aquel recuerdo
que sabía a bolero, a luna y miel:
la vida y yo estábamos de acuerdo.
Me quedé detenida en el rotundo
instante del abrazo adolescente,
en aquel banco vi nacer el día.
Allí toqué la intimidad del mundo,
su música invisible y envolvente,
su corazón de luz y de alegría.

Aline

Desde que la escuché contigo,
esta canción francesa,
tan remota y tan dulce,
siempre me hace llorar.

Una mujer que corre en una playa.
Un hombre que procura retener
su imagen ya borrada por las olas,
el trazo enamorado de su nombre.

A veces, sola en casa,
me pongo esta canción.
No sé qué estoy buscando en los lamentos
de la voz de Christophe, ni qué fantasmas
agitarán tus noches si la escuchas.

Me pongo esta canción
como quien busca alguna prenda suave
para dormir con ella.

Me pongo esta canción como quien busca
una segunda piel entre la espuma
opaca de los días.

Escucho la canción con todo el cuerpo.
Siempre la misma duda me recorre:
¿qué espuma me devolverá tus manos?

Casa

Hay un lugar que vive en mi interior
y se asoma a la piel cuando lo sueño.

Es un banco de piedra,
abierto a un mar de olivos,
igual que abrí mi espalda a tus caricias
y al viento de la noche de verano.

Hay un lugar que a veces es mi casa,
la casa de una vida que no tengo.

Cuando cierro los ojos siento el tacto
hospitalario de la piedra fresca
y el fuego que subía por mi espalda.

Te confío el lugar de la memoria
para que entre tus manos siempre alumbre
un refugio que pueda cobijarnos:
ese lugar, tan lejos de mi casa,
ese lugar, la casa de mi piel.

Invocación al poema

Desear el poema
que pueda ser leído en una plaza
y en la más absoluta soledad.

El poema sensual, hospitalario,
que nos envuelva el cuerpo con sus manos,
que nos abra su casa.

El poema que logre devolvernos
desde el espejo a nuestro doble exacto.

El poema capaz de iluminar
nuestras múltiples sombras.

El poema que cuente
lo que aún no sabemos,
lo que siempre supimos
en las vidas ficticias.

El poema que sea
casa de nuestra piel.

Las formas de las nubes

A mi hija Kezia

Las dos en el balcón
mirábamos las formas de las nubes.

Cuando sea mayor tendré un jardín,
dijiste al señalarme
con tu dedo pequeño y confiado
la forma de una nube limonero.

Ese jardín que tanto quise darte,
ese jardín que me persigue en sueños,
ese jardín fantasma de mi infancia.

Y solo sentí entonces un deseo:
cuando sea mayor, que ambas miremos
en tu jardín las formas de las nubes.

AGRADECIMIENTOS

A Ángeles Mora y Luis García Montero, por las generosísimas palabras que acompañan este libro. A Jaime Siles, por haberme regalado el título, el último verso del poema que abre esta antología. A Teresa Gómez y Gerardo Rodríguez Salas, por su constante apoyo poético y vital.

ÍNDICE

Este libro se terminó de editar en Granada
en abril de 2025 por

www.aversopoesia.com
hola@aversopoesia.com